# LOTERÍA

### SORTEO NOCTURNO

## THE LOTTERY

### NOCTURNAL SWEEPSTAKES

# LOTERÍA

## SORTEO NOCTURNO

# THE LOTTERY

## NOCTURNAL SWEEPSTAKES

## ELIZABETH TORRES

THE UNIVERSITY OF
ARIZONA PRESS

TUCSON

The University of Arizona Press
www.uapress.arizona.edu

We respectfully acknowledge the University of Arizona is on the land and territories of Indigenous peoples. Today, Arizona is home to twenty-two federally recognized tribes, with Tucson being home to the O'odham and the Yaqui. Committed to diversity and inclusion, the University strives to build sustainable relationships with sovereign Native Nations and Indigenous communities through education offerings, partnerships, and community service.

ISBN-13: 978-0-8165-4960-3 (paperback)
ISBN-13: 978-0-8165-4961-0 (ebook)

Cover design by Leigh McDonald
Cover illustrations via rawpixel
Illustrations and translations by Elizabeth Torres
Designed and typeset by Leigh McDonald in Bell MT 10.25/13 and Mightype (display)

Library of Congress Cataloging-in-Publication Data
Names: Torres, Elizabeth, 1987– author. | Torres, Elizabeth, 1987– Lotería. | Torres, Elizabeth, 1987– Lotería. English.
Title: Lotería : sorteo nocturno = The lottery : nocturnal sweepstakes / Elizabeth Torres.
Other titles: Lottery
Description: Tucson : The University of Arizona Press, 2023. | Spanish and parallel English.
Identifiers: LCCN 2022030109 (print) | LCCN 2022030110 (ebook) | ISBN 9780816549603 (paperback) | ISBN 9780816549610 (ebook)
Subjects: LCSH: Lotería (Game)—Poetry. | Tarot—Poetry. | LCGFT: Poetry.
Classification: LCC PQ8180.43.O75 L6813 2023 (print) | LCC PQ8180.43.O75 (ebook) | DDC 861/.7—dc23/eng/20220819
LC record available at https://lccn.loc.gov/2022030109
LC ebook record available at https://lccn.loc.gov/2022030110

Printed in the United States of America
♾ This paper meets the requirements of ANSI/NISO Z39.48-1992 (Permanence of Paper).

# CONTENTS

# LOTERÍA

## SORTEO NOCTURNO

# THE LOTTERY

## NOCTURNAL SWEEPSTAKES

# EL PRESAGIO

Aquí antes pasaba un río.
En las mañanas, las mujeres del pueblo traían telares y cantaban,
mientras desnudas dejaban que el sol y el viento las acariciaran.
En las tardes al salir de la escuela, los niños traían sus barcos de papel
o hacían ranitas de las piedras.

A esa hora, el río parecía más alegre,
más brusco, más inquieto . . .
y si los niños no llegaban, sus aguas subían con rabia
y se desbordaban hasta alcanzarlos en sus casas.

En las noches, los guerreros pasaban de dos en dos,
con sus armas y maletas elevadas en sus brazos
y sus botas y uniformes helados por el agua.

Eran otra clase de caricias las que devolvía el viento a esas horas.
Como susurrándoles el olor del cuerpo de sus amadas,
que hacía varios meses habían abrazado a orillas de otros ríos,
con discursos revolucionarios y sin flores.
Pero era también una caricia fría,
la del presentimiento,
apenas trazando olvidos en sus cuerpos mientras cruzaban el río:

los ojos bien abiertos,
la piel pálida,
la muerte husmeando su llegada.

Aquí antes pasaba un río casi transparente,
sus especies marinas tan asombrosas
que de vez en cuando llegaban de ciudades lejanas a estudiarles.
Cuando llovía, una de mis aventuras favoritas era desnudarme
y entregarme a su embrujo, con los ojos cerrados,
imaginando que cada una de mis partículas
dejaba de ser esta figura constante y su sombra,
ambas desvaneciéndose hasta convertirse también en oleada.

El vaivén era ritual ancestral para mí,
una meditación que mi abuela y mi madre habían amado también.
De pronto cuando estaba en su vientre me habían traído a estas aguas.
De pronto cuando niña me habían lavado los pies y las manos
y habían jugado conmigo a que éramos sirenas.
Entonces el río era el inicio y la continuación de mi ser.

Como minúsculas agujas,
las gotas de lluvia se enterraban suavemente en mis poros, fragmentándome;
el principio y la manifestación de todos los cuerpos de agua dentro y fuera de mí.

Fue aquí donde sentí la revelación por primera vez:
ya el sol se escondía tras las montañas y en el cielo
la multitud de pájaros hacía un baile negro
que cubría casi por completo los trazos de luz que intentaban filtrarse.
El río y yo repentinamente cambiamos la dirección de nuestras olas,
ahora en forma espiral, ahora en estado alerta.
Nuestras algas, nuestros peces, nuestras piedras
temblaron en pequeñas convulsiones y quedaron inmóviles.

El murmullo de pájaros suspendido en el aire.
Todo intensamente frágil en espera.

En la profundidad la pupila expandiéndose.
En la profundidad la pupila expandiéndose.
En la profundidad la pupila extendiendo su millar de tentáculos,
intentando aferrarse a la raíz, explicar en latidos la explosión aproximándose.

El terror hirviente y líquido, por entre las venas,
por entre los huesos,
entrando y saliendo de la espuma,
atravesando en trance cualquier espacio de calma.

Luego un leve gemido / un animal herido
agudos dedos de hielo enterrándose en los tímpanos y la carne.

Sólo eso.
Presentimientos.
La certeza de los gritos de guerra.

# THE OMEN

A river used to run through here.
In the mornings, the women of the village brought looms and sang,
while naked they let the sun and the wind caress them.
In the afternoons, the children brought their paper boats
or made little frogs out of stones.

At that hour, the river seemed more cheerful,
sharper, agitated . . .
and if the children did not arrive,
its waters would rise in anger and overflow
to reach them at their homes.

In the evenings, the warriors passed by twos,
their weapons and backpacks raised in their arms,
their boots and uniforms frozen by the water.

It was a different kind of caress that the wind returned at that hour.
As if whispering to them the scent of their loved ones,
who several months back embraced them on the banks of other rivers,
with revolutionary speeches and without flowers.
But it was also a cold caress,
that of premonition,
barely tracing oblivion on their bodies as they crossed the river:

eyes wide open,
pale skin,
death sniffing their arrival.

An almost transparent river used to flow here,
its marine species so amazing
that from time to time they came from distant cities to study them.
When it rained, one of my favorite adventures was to get undressed
and surrender myself to its spell, my eyes closed,
imagining that each of my particles gave up trying to be
this constant shape and its shadow,
both fading away until they too became a wave.

The swaying was an ancestral ritual for me,
a meditation that my grandmother and mother had loved as well.
Perhaps when I was in her womb they had brought me to these waters.
Perhaps when I was a child they had washed my feet and my hands
while we played that we were mermaids.
Then the river was the beginning and the continuation of my being.

Like minuscule needles,
the raindrops buried themselves gently in my pores, fragmenting me.
The beginning and manifestation of all the bodies of water
inside and outside of me.

It was here that I felt the revelation for the first time:
already the sun was hiding behind the mountains, and in the sky,
the multitude of birds was doing a black dance
that almost completely covered the traces of light attempting to filter through.
The river and I suddenly changed the direction of our waves,
now spiraling, now on high alert.
Our algae, our fish, our stones
trembled in small convulsions and lay still.

The murmur of birds suspended in the air.
Everything intensely fragile in waiting.

In the depths the pupil expanding.
In the depths the pupil expanding.
In the depths the pupil extending its thousand tentacles,
trying to cling to the root, explaining in heartbeats the approaching explosion.

The boiling, liquid terror, through the veins,
through the bones,
in and out of the foam
entranced through any space of stillness.

Then a faint whimper / a wounded animal
sharp fingers of ice burrowing into eardrums and flesh.

Just that.
An omen.
The certainty of war cries.

# EL FLORIPONDIO

Caballo galopante entre los matorrales,
brioso, delirante, a todo pique,
caballo endemoniado de la loma a la estación de policía
con el abuelo en el lomo, emburundangado
con el tedio en los muslos
con la historia patria a cuestas
el soplo de ángel haciendo su oficio
borrando una vida de azadón y ladrillo.
Caballo apoteósico va rompiendo la noche
con la herradura embadurnada de tierra
la tierra embadurnada de sangre
la sombra embadurnada de escombros
los escombros manchados de abandono
la casa en la loma
ardiendo ya de olvido.

Caballo huye despavorido
por el ruido de un tiro de escopeta
y así se va la finca
y así ya no las vacas
y ya no el gallinero
y ya no el café fresco
y ya no el naranjo
la voz en el teléfono dice
que no hubo victimas
tras el ataque
fue una amenaza
pero no es cierto
no todo es la carne

el alma
los abuelos
la dejaron
en el pueblo.

# THE FLORIPONDIO

Horse galloping through the bushes,
spirited, delirious, at full speed,
demonic horse from the hill down to the police station
with grandfather on its back, sedated
with weariness in its thighs
with the land's conflict on its loins
angel's breath doing its job
erasing a life of spade and brick.
Apocalyptic horse flees, breaking the night
with its horseshoes smeared with earth
earth smeared with blood
the shadow smeared with rubble
the rubble stained with abandonment
the house on the hill
already burning with oblivion.

Horse runs away terrified
at the sound of a shotgun blast
and so goes the farm
and so no more cows
and no more chicken coop
and no more fresh coffee
and no more orange tree
the voice on the phone says
that there were no victims
after the attack
it was just a threat
but it's not true
it's not all about the flesh

the grandparents' souls
were left behind
up in that village.

# EL GALLO

En esta caja de cristal
colgarás en vertical
los animales salvajes
bosques inhabitados
aves de plumaje florido
ese sueño, ¿lo recuerdas?

Que no ocupen mucho espacio
los carros bomba
hay rosas en todas partes
gallinero a mediodía
noticias de guerra en blanco y negro
no las mires. ¿te dan miedo?

Pescado frito
inocencia a la intemperie
malabares de teatro
huevos revueltos
iglesias sin dios ni credo
la apertura del amanecer en todas las cosas
el primer deseo sexual
dos montañas que se besan en semana santa
los nombres
las esdrújulas
todo tu mundo en una cajita de cristal.
¿y la llave?

Guárdala bien.
Ciérrala bien.
Que no se escape nada.

No le digas a nadie.
El paraíso le pertenece
a los que sólo cantan
para saludar al sol.

# THE ROOSTER

You must
hang vertically in this box
the wild animals
uninhabited forests
birds of flowery plumage
that dream, remember?

Make sure the car bombs
don't take up too much space
there are roses everywhere
the chicken coop
black and white war news at noon
don't watch them.
Do they make you afraid?

Fried fish
innocence in the open
theater juggling
scrambled eggs
churches without god or creed
the opening of dawn in all things
the first sexual desire
two mountains who kiss only in holy week
the names
the accents
your whole world in a little glass box.
And the key?

Keep it well.
Close it tightly.
Don't let anything escape.

Don't tell anyone.
Paradise belongs
to those who only sing
to greet the sun.

## LA CASA

Es sólo una
de pisos de greda
que crujen cuando alguien
intenta escaparse.

Tiene una explosión de astros en vez de techo
en las paredes mitos y leyendas
canciones de arpa
serpientes alucinantes
pero sus puertas sólo se abren
cuando hay que guardar algo entre sus fosas.

Algo en la casa
moribundo
va explotando y tiznándolo todo
de sangre y plomo
mamá dice que no mires, no hables, no respires
hay brazos y pies y gritos desparramados por toda la sala
visiones apocalípticas de desayuno, almuerzo y cena
el pan de cada día.

Como contagiada de una enfermedad fatal
la casa empieza a marchitarse
a encogerse / convulsiona
se derrumba / se atenta
centellea / se desploma
y dentro de la casa todos siguen su ejemplo
se persignan / se violentan
se muerden / jadean / se extinguen.

Las negociaciones sólo prolongan el acto
las noticias sólo hablan de lo inminente.

La casa se despide / es ella la que marcha
se entierra entre las venas
quiere salvarse / quiere ser libre
no la culpes
se desangra.

# THE HOUSE

It is only one
of gravel floors
that creak when someone
tries to escape.

It has an explosion of stars instead of a ceiling
on the walls myths and legends
harp songs
hallucinating snakes
but its doors only open
when something must be kept between its pits.

Something in the house
moribund
is exploding and staining everything
with blood and lead
mom says, *don't look, don't talk, don't breathe*
there are arms and feet and screams
scattered all over the living room
apocalyptic visions for breakfast, lunch, and dinner
our daily bread.

As if infected by a fatal disease
the house begins to wither
to shrink / convulse
it collapses / crumbles
sparkles / crashes down
and inside the house everyone follows its example
they cross themselves / become violent
bite one another / gasp / get extinguished.

Negotiations only prolong the act
the news only speaks of the imminent.

The house bids farewell / it is it who is abandoning
burying itself in the veins
it wants to save itself / it wants to be free
don't blame it
it is bleeding to death.

# LA GRANADILLA

En esta selva
hay un palacio azucarado
donde podrás esconder tu infancia
para que nadie más la dañe.

Allí se detiene el tiempo
es el sitio del lenguaje
un milagro pequeñísimo
una esfera donde caben todos tus recuerdos.

La verdad es una fruta redonda
de cáscara naranja con pecas blancas
gruesa y resbalosa
dura, impenetrable.

Al abrirla encontrarás sus semillas
cubiertas de una sustancia gelatinosa
una pulpa transparente
un aroma inconfundible.

Esta fruta proviene del paraíso
su planta es una enredadera
mira cómo va trepando por tus piernas
se va apoderando de tu espíritu.

Regálale tus secretos.
Un día muy lejos de aquí
cuando pruebes su néctar
caerás llorando de rodillas
con la verdad goteando de tu boca.

# THE GRANADILLA

In this jungle
there is a sugary palace
where you can hide your childhood
so that no one else will harm it.

Time stops there
it is the place of language
a very tiny miracle
a sphere where all your memories fit.

Truth is a round fruit
of orange peel and white freckles
thick and slippery
hard, impenetrable.

If you crack it open, you will find its seeds
covered with a gelatinous substance
a transparent pulp
an unmistakable aroma.

This fruit comes from paradise
its plant is a vine
see how it climbs up your legs
it takes over your spirit.

Give it your secrets.
One day far away from here
when you taste its nectar
you'll fall weeping on your knees
with the truth dripping from your mouth.

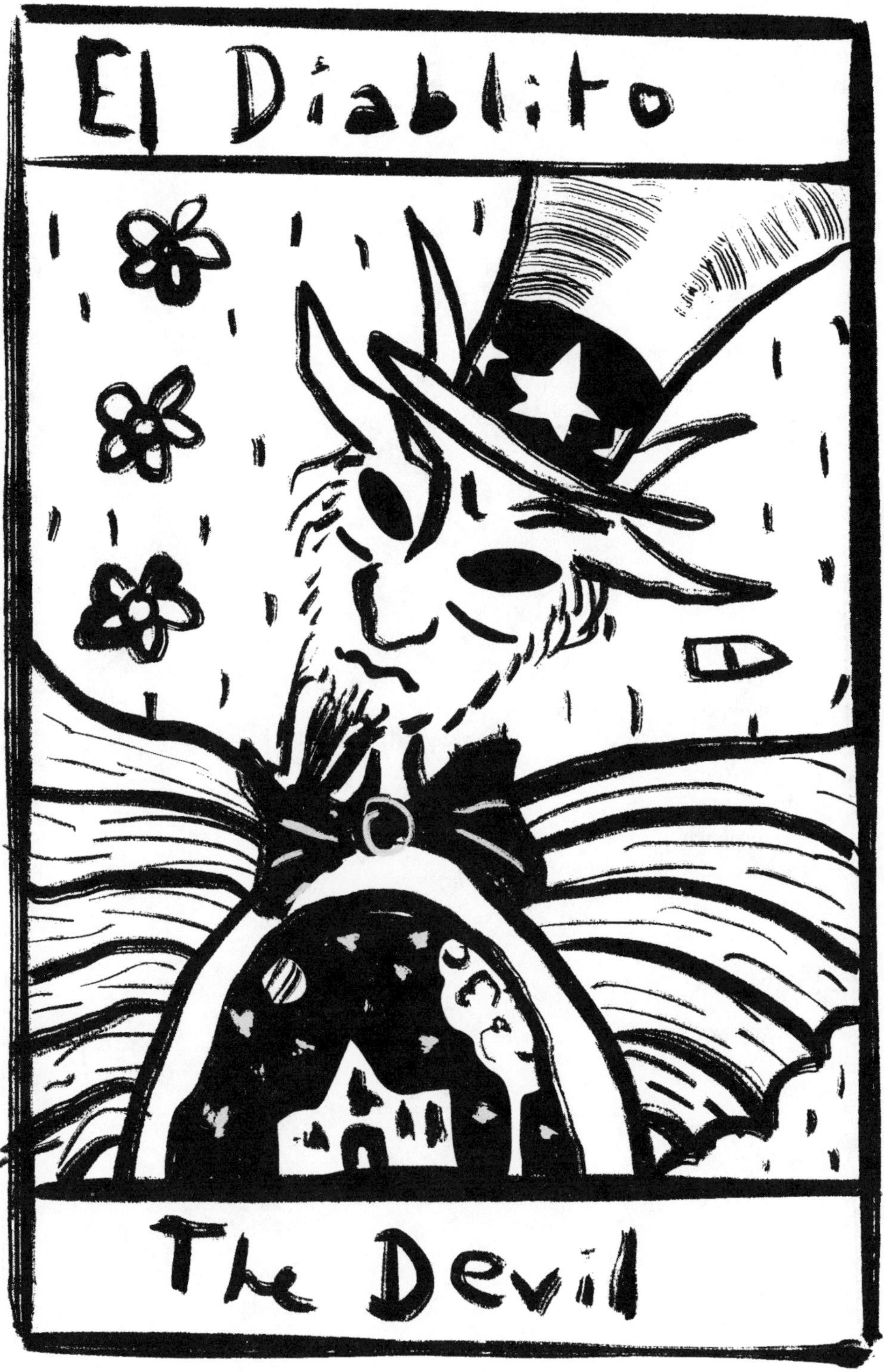
El Diablito
The Devil

# EL DIABLITO

Animal negro
de patas gruesas
camina por la vereda
en cámara lenta.

Cuentan los borrachos
que lo ven a medianoche
dicen que tiene
los ojos rojos
y su cuerpo
es traslucido.

Nuestra casa
en sus tripas
y el teléfono suena
y el teléfono resuena
el teléfono no hace más que sonar
alguien dentro de poco lo arrancará del cable de la pared
pero en este instante
a escondidas
levantas el auricular
para escuchar al mundo externo
que te han prohibido
desde hace varios meses.

La vida es un frágil espectáculo
cuyos telones se cierran
en un instante.

El animal ronronea
tú cuelgas el teléfono
pero la enfermedad de la guerra
ya está en tus tripas
se devoró toda la historia
tu inocencia huye despavorida
en el lomo de la noche.

# THE DEVIL

Black animal
with thick legs
walks down the sidewalk
in slow motion.

The drunks say
they've seen it in the middle of the night
they say it has red eyes
and its body
is translucent.

Our house
in its guts
and the phone rings
and the phone rings
the phone does nothing but ring
someone will soon rip it out of the wall
but right now
you sneakily pick up the receiver
to listen to the outside world
that has been forbidden to you
for several months.

Life is a fragile spectacle
whose curtains close
in an instant.

The animal purrs
you hang up the phone
but the disease of war
is already in your guts
it devoured the whole story
your innocence flees in terror
on the back of the night.

# LA NIÑA

Niña milagro
con lenguas de fuego
y rabia ancestral entre los dientes
pasa las tardes en el columpio
dejando surgir un manantial de versos
pesadillas cotidianas.

Niña endemoniada escupe titulares de guerra
cállate, corazón nocturnado,
que te van a quitar los versos a la fuerza.

Niña de palidez espeluznante
animal de circo
niña arrancada de raíz
niña sonámbula
animal domado pero dispuesto a atacar
en el momento oportuno
a ocultar los colmillos
a morder la manzana
a vestir escapulario
se unta los pezones de savia
y alucina profecías
las escribe
las recita
las grita creyendo
que la poesía salva
pero todo requiere
sacrificios.

Niña sin resplandor
sin milagro
sin tierra
sin espanto
sin infancia
sin excusa
sin memoria
sin remedio.

# THE CHILD

Miracle child
with tongues of fire
and ancestral rage between her teeth
spends her afternoons on the swing
letting a well of verses spring up
amidst daily nightmares.

Possessed girl spits war headlines
shut up, nocturnal heart,
or else they'll take away your verses by force.

Child of creepy pallor
circus animal
girl torn up by the roots
sleepwalking creature
animal tamed but ready to attack
at the right moment
willing to hide her fangs
to bite the apple
to wear a scapular
smears her nipples with sap
and hallucinates prophecies
writes them down
recites them
she shouts them believing
that poetry saves
but everything requires
sacrifices.

Child without radiance
without miracle
without earth
without horror
without childhood
without excuse
without memory
without remedy.

# EL MIEDO

Trigo
Cafetal
Piel trigueña
Eucalipto
Ovejas de lana
Poema de guerra
Caja de madera
Titular
Blanco y negro
Premio y medalla
Depresión materna
Amenaza de muerte
Entrevista
El uniforme
Carro blindado
Muñeca enfermera
Escopeta
Desaparecidos
Funeral
El cuerpo desmembrado
Montaña
Rayuela
Accidente de tránsito
Un beso en el parque
El concepto de un pecado
La imagen de familia
Un copo de nieve que ladra
El miedo
El miedo
El miedo
El miedo.

Después del miedo
              la nada.

# THE FEAR

Wheat
Coffee plantation
Brown skin
Eucalyptus
Wool sheep
War poem
Wooden box
Headline
Black and white
Award and medal
Maternal depression
Death threat
Interview
The uniform
Armored car
Nurse doll
Rifle
The missing
Funeral
Dismembered body
Mountain
Hopscotch
Traffic accident
A kiss in the park
The concept of sin
Family image
A barking snowflake
Fear
Fear
Fear
Fear.

After fear
            nothing.

# LA OBRA

Una mera historia
una serie de incidentes construidos
una obra de teatro
que podría reescribirse de múltiples formas
en cualquier momento
desde todos los ángulos
con o sin testigos
finales alternativos
*si no te hubieras ido*
*si no te hubieras ido.*

La escena se detiene
se rebobina
se repite
con una ligera alteración
las interrupciones se vuelven
cada vez más extrañas
y casi dolorosas
como espinas
en la parte de la memoria
que no alcanzas
a tocar.

La casa
se quema
cae en picada
desaparece del escenario.

La narración nunca es directa
cada escena resalta el potencial
para la interrupción
en este sueño
así como en el más allá.

# THE PLAY

A mere story
a series of constructed incidents
a play
that could be rewritten in multiple ways
at any time
from all angles
with or without witnesses
alternative endings
*if you go away*
*if you go away.*

The scene stops
rewinds
repeats itself
with a slight alteration
the interruptions become
more and more strange
and almost painful
like thorns
in the part of memory you cannot reach.

The house
burns
plummets
disappears from the stage.

The narrative is never straightforward
each scene highlights the potential
for interruption
in this dream
as well as in the afterlife.

# EL PÉNDULO

Durante la noche,
los suspiros enmudecidos se parecen
al ruido de las primeras gotas antes de un aguacero.

En la oscuridad,
es más fácil distinguir la forma de los temores
que perturban el sueño del hombre.

Los gatos
parecen saber que no es buen momento
para pedir comida:
se quedan quietos como gárgolas
al borde de la cama
esperando la noticia.

El vaivén de las horas
suena como una manifestación
de pies desnudos marchando hacia el vacío.

Es cierto que entre las sombras
los sonidos también cambian de color y de forma
por eso cuando alguien llora
todo el cuarto se marchita.

# THE PENDULUM

During the night,
the muffled sighs resemble
the sound of the first drops before a downpour.

In the darkness,
it is easier to distinguish the shape of the fears
that disturb man's sleep.

The cats
seem to know that it is not a good time
to ask for food:
they stand still like gargoyles
at the edge of the bed
waiting for the news.

The swaying of hours
sounds like a demonstration
of bare feet marching into the void.

It is true that in the shadows
sounds also change color and shape
that's why when someone cries
the whole room withers.

# LA VIOLENCIA

El vientre abierto
y los hijos de la noche
sacándonos los ojos.

El vientre hueco
placenta seca entre los dientes
la patria nació ahorcada
la patria no respira
la patria no tiene pies
ni cabeza
ni conciencia
y su carne
no alimenta.

Inmóvil ternera
huele a tierra fresca
gemido silenciado, tierra y locura
curas de sangre y secreto
reto de tiempo y espejo
viejo dolor resplandece
crece el temblor y la rabia
biaural aullido de muerte
fuerte presagio de guerra
ráfaga, ataque sorpresa
presa de cada mentira
ira y ardor
y presagio.

# THE VIOLENCE

Open womb
and the children of the night
gouging our eyes out.

Hollow womb
dry placenta between the teeth
the homeland was born strangled
the homeland does not breathe
the homeland has no feet
nor head
nor conscience
and its flesh
does not nourish.

Immobile calf
smells of fresh soil
muffled moaning, earth, and madness
cures of blood and secret
dare of time and mirror
old pain shimmers
tremor and growl
biaural death howl
strong foreshadowing of war
blast, surprise attack
prey to every lie
ire, burning
and foreboding.

# EL AVIÓN

El muerto a las espaldas
de cada pasajero
la tripulación entera con cara de *no vuelvo*
pero no es cierto
no hacen más que volver el resto de sus vidas
entre sueño y sueño.

Esta es la nave espacial que se aleja
al final de la película
antes de que el planeta explote
y somos nosotros los asignados
a salvar la especie
con pleno instinto animal.

El piloto anuncia que por el sobrepeso
no podemos despegar hasta alivianar el equipaje.
Pero ¡señor piloto!
lo que pesa es la conciencia
lo que pesa es la cobardía
lo que pesa es lo que no puede dejarse
todos se miran los unos a los otros como buscando culpable
y tú aferrándote a tu caja de cristal
con tus dedos de hielo
para que no la encuentre nadie
pero todo requiere
sacrificios.

En la pista de aterrizaje
como juguetes desparramados
los libros / las magnolias / una selva de abrazos
las excusas / las razones
la ruta de regreso.

# THE AIRPLANE

The dead on the back
of every passenger
everyone with an *I'm not coming back* look on their faces
but it is not true
they do nothing but come back the rest of their lives
between dream and dream.

This is the spaceship that speeds away
at the end of the movie
before the planet explodes
and we are the ones assigned
to save the species
solely with our animal instinct.

The pilot announces that because we are overbooked
we will not take off until some weight is relieved.
But Mr. Pilot!
what weighs is conscience
what weighs is cowardice
what weighs is what can't be left behind
everyone looks at one another as if looking for a culprit
and you clinging to your glass box
with your fingers of ice
so that no one will find it
but everything requires
sacrifices.

On the runway
like scattered toys
the books / the magnolias / a jungle of hugs
the excuses / the reasons
the route of return.

# LA ESPECIE

Soñé que el mundo era otro.

La casa, toda trazos amarillos que bailaban reflejando el fuego
y en la sala principal los ancianos se reunían junto a los hijos
para narrarles el porqué de las cosas / el principio y el final de los días
sus sombras azules inclinándose
y ronroneando.

Los ancianos iban tejiendo los significados hasta hacer un lenguaje nuevo
*la palabra dolor también puede significar posibilidad*, decían
*la palabra invierno también puede significar reverdecer*, decían
*la palabra rendirse también puede significar un nuevo viaje.*

En una esquina,
yo me miraba las manos en busca de un rasgo o cicatriz
que me aclarara si todo era ficción o destello o espejo o si podría recordarlo,
pero en realidad lo que buscaba era una excusa para poder quedarme,
una razón para explicarle a los abuelos
que la especie entera olvidó sus enseñanzas
que todos traicionamos al corazón simultáneamente
que no somos más que una masa rodante hacia el vacío.

Los abuelos me miraron como adivinando lo que pensaba:
*la palabra fracaso*, dijeron,
*también puede significar nuevo amanecer.*

# THE SPECIES

I dreamt that the world was another.

The house, all yellow strokes, which danced reflecting the fire
and in the main room the elders gathered along with their children
to tell them the reason of things / the beginning and the end of days
their blue shadows bowing
and purring.

The elders weaved meanings together to thread a new language
*the word pain can also mean possibility*, they said
*the word winter can also mean regrowth*, they said
*the word surrender can also mean a new journey.*

From a corner,
I stared at my hands in search of a feature or scar
that would make it clear to me this was all fiction
or glimmer or mirror or if I would remember it,
but what I was really looking for was an excuse to stay,
a reason to explain to the grandparents
that the whole species forgot their teachings
that we all betrayed the heart simultaneously
that we are nothing more than a mass rolling into the void.

The elders looked at me as if guessing what I was thinking:
*the word failure*, they said,
*can also mean new dawn.*

# EL VIAJE

El exilio comienza ahora
entre estas nubes.
No puedes sentirlo aún
pero el presentimiento se pasea por los pasillos
y hace que el silencio contamine el aire.

Aquí está la frontera entre lo que eras
y los nuevos sueños
que tejerás para salvarte.
Aquí también
los límites del cuerpo
la simetría del cansancio
el inicio de las vidas invisibles
que se suceden simultáneamente
en el planeta del qué habría sido.

El pasado se guarda en burbujas
donde el tiempo no pasa
hasta tu regreso
pero si no regresas
se extingue.

No pensarás en apagarte
no volverás a nombrar la tragedia
el destierro
colgará de tus pestañas
como fruta permanente
y morderás de él
cuando el veneno
empiece a hacer tumores
en tu mente.

# THE VOYAGE

Exile begins now
among these clouds.
You can't feel it yet
but the premonition wanders through the corridors
and makes silence pollute the air.

Here is the border between what you were
and the new dreams
that you will weave to save yourself.
Here also
the limits of the body
the symmetry of fatigue
the beginning of invisible lives
that follow one another simultaneously
on the planet of what would have been.

The past is kept in bubbles
where time does not pass
until your return
but if you don't return
it is eradicated.

You won't think of extinguishing
you will never again name the tragedy
the banishment
will hang from your eyelashes
like a permanent fruit
and you will bite from it
when the poison
begins to make tumors
in your mind.

# EL ESTADO DE LAS COSAS

He aquí la línea fronteriza:
la raya en vertical donde cruzamos hacia el fin del mundo.

De ahora en adelante una brusca neblina
carcomiendo las secuencias de cada instante nuestro
rabia en los huesos / un rogar incesante por máquinas del tiempo.

Atrás las fiestas de los girasoles
atrás, allá muy lejos, las anclas de tu barco
y más allá el refugio maternal y la ternura
y en el fondo de la tierra un secreto:
nosotros ya no volvemos / nosotros ya nunca fuimos.

Cruzamos de la mano a la noche permanente
el vértigo / son otros los que miran, no saben qué decirnos,
no, acá la soledad es la respuesta
a nuestro delirio de poseerlo todo.

Ya ves, he aquí tu presentimiento
tu risa interrumpida / tu manantial de sueños ahora inalcanzables
la casa se partió por la mitad
la cama se volvió un bosque de animales extintos
el cuerpo, un jarrón roto en el que el amor desborda
entre respiro y respiro
lentamente
y después, la nada
(que no nos toque nunca por favor el olvido).

He aquí la espera intermitente de los días
un acechante pánico
agobiante entrar
y salir
por la memoria de los vivos.

# STATE OF AFFAIRS

This is the borderline:
the vertical stripe where we cross to the end of the world.

From now on an abrupt haze
gnawing at the sequences of each instant of ours
rage in the bones / an incessant begging for time machines.

Left behind are the sunflower parties
behind, farther back, the anchors of your ship
and beyond that maternal shelter and tenderness
and at the bottom of the earth a secret:
we no longer return / we no longer ever were.

We cross hand in hand into the permanent night
the vertigo / it is others who are staring, they don't know what to tell us
no, here solitude is the answer
to our delirium of possessing everything.

You see, here is your presentiment
your laughter interrupted / your spring of dreams now unattainable
the house split in half
the bed became a forest of extinct animals
the body, a broken vase in which love overflows
between breath and breath
slowly
and then, nothingness
(may oblivion never reach us).

Here is the intermittent waiting of the days
a lurking panic
oppressive entering
and exiting
through the memory of the living.

# EL DIAGNÓSTICO

El desplazamiento es una enfermedad
que no se ve
a través de las máquinas de rayos X
ni se cura con Vic Vaporú y vitaminas
ni se detecta
en una parte específica
del cuerpo.

Tal vez no sea una
sino muchas enfermedades
que se propagan por las venas del tiempo
aislando al portador
hasta el olvido
y la mayoría sufrirán en silencio por años
antes de notar sus síntomas.

Pero puedo decirte esto:
una vez que llega
hace estragos.

# THE DIAGNOSIS

Displacement is a disease
that cannot be observed
through X-ray machines
nor be cured with Vicks VapoRub and vitamins
nor be detected
in a specific part of the body.

Perhaps it is not one
but many diseases
that spread through the veins of time
isolating the carrier
into oblivion
and most will suffer it in silence for years
before noticing its symptoms.

I can tell you this:
once it arrives
it wreaks havoc.

# EL KILÓMETRO

Cuando marchábamos
nuestros padres dijeron que sólo tendríamos que volar algunos kilómetros
hacia un lugar lejos de la guerra por un tiempo,
así que sólo tuvimos tiempo para empacar un par de historias,
ropa no muy pesada, no tantos libros, un par de juguetes,
algunos panes para el camino y nada más.

Al llegar dejamos todo a la entrada:
Los sonidos. Los sabores. Las risas. Los colores.
Al pasar los días se nos fueron yendo de la piel los trozos de memoria
que creímos nos enseñarían el camino a casa.
La palabra *regresar* empezó a marchitarse
y dejamos de echarle agua para que ya no sufriera.

Al crecer aprendimos
la medida de longitud que tiene mil metros
no es un kilómetro.
Es un abismo.

# THE KILOMETER

When we were leaving
our parents said we would just have to fly a few kilometers
to a place away from the war for a while,
so we only had time to pack a couple of stories,
not too bulgy clothes, not so many books, a couple of toys,
some bread for the road, and nothing else.

When we arrived, we left everything at the entrance:
The sounds. The flavors. The laughter. The colors.
As the days went by,
the pieces of memory we thought would show us the way home
started to fade from our skin.
The word *return* began to wither away,
and we stopped giving it water so it would no longer suffer.

As we grew up, we learned
the measure of length that is a thousand meters
is not a kilometer.
It is an abyss.

# LA ADUANA

Las fotos sobre la mesa / el pájaro en la ventana / la receta favorita
las texturas de los objetos / los anuncios en la TV
los tapices de estrellas en el cielo de los recuerdos
los sonidos de los aparatos marcando la moda de la época
y los del reloj marcando el tiempo en negativo
desde el momento de la partida
las conversaciones mundanas con los vecinos
las colecciones sin valor material
los nombres de los que se despiden desde las ventanas
los nombres de los que no se despidieron
el tono de sus risas / el olor de los días
el caballito de madera
las peculiaridades del acento
las rutinas / la lealtad a algunos lugares
después los nombres regionales de las cosas
las formas de las cosas mismas
propósito e importancia / volumen y peso
los números de teléfono / la capital
los temas de conversación
cuadernos de notas.
Como la ropa,
la identidad se va cayendo también a pedazos
el vínculo afectivo
los que antes eran instintos básicos de sobrevivencia
ahora se convierten en estorbo matutino
y los amigos / ya no contestan / ya no son
las constancias
lo amado / lo establecido como cierto / lo verdadero
la percepción de dignidad
el sentido de pertenencia
se van también las evidencias
todo lo concreto va moldeándose
en forma de sueño
la memoria se vuelve vaporosa
gaseosa
intermitente
se esfuma.

# THE CUSTOMS OFFICE

The pictures on the table / the bird by the window / the favorite recipe
the textures of objects / the ads on TV
the tapestry of stars in the sky of our memories
the sounds of the gadgets marking the fashion of the time
and those of the clock marking the negative time
from the moment of departure . . .
The mundane conversations with neighbors
the collections without material value
the names of those who say goodbye from the windows
the names of those who did not say goodbye
the tone of their laughter / the aroma of the days
the little wooden horse
the peculiarities of the accent
the routines / the loyalty to some places
then the regional names of things
the forms of things themselves
purpose and importance / volume and weight
telephone numbers / capital city
topics of conversation
notebooks.
Like rags, identity also falls apart,
the affective bond
emotional attachment
what used to be basic survival instinct
now becomes matutine nuisance
and the friends / no longer answer / no longer are
the constants
what is loved / what is established as true / what is real
the perception of dignity
the sense of belonging
the evidence also fades
all that is concrete is being molded
into the shape of a dream
memory becomes vaporous
gaseous
intermittent
it vanishes.

# LA LECHE

No puede ser coincidencia
que la primera palabra pronunciada en inglés
fuera *MILK*
en el supermercado
traduciendo en nombre de la familia
el hambre y la desconfianza
desde el hilo más profundo
un desayuno umbilical.

Amamantamos así
la asimilación:
con cada sorbo de leche
más y más lejos
del origen.

El pezón de un país
de un sabor muy distinto
que no arrulla
que no mima
que atraganta
que no sabe pronunciar todos mis nombres
pero salva con instinto materno.

# THE MILK

It cannot be a coincidence
that the first word pronounced in English
was *MILK*
at the supermarket
translating on behalf of the family
hunger and distrust
from the deepest thread
an umbilical breakfast.

And so, breastfed assimilation:
with each sip of milk
going farther and farther
from the origin.

The nipple of a country
of a very different flavor
that does not cuddle
that does not pamper
that chokes
that does not know how to pronounce all my names
but saves with maternal instinct.

# EL RECIÉN LLEGADO

Uno llega con ojos nuevos
a bautizar cada espacio
con acentos que para otros
son difíciles de pronunciar
y colores
que no encajan
en la estética establecida.

Uno va caminando por los días
como explorador en nuevo territorio
sin dejar ver el pánico
sin dejar salir el miedo
sin camuflaje
primero sólo dándole vuelta a la cuadra
abrumado por los olores y los ruidos
con la angustia bajo el brazo
sin mostrar los dientes
sin aferrarse a ninguna promesa
sin hablar el idioma
sin hablarse a sí mismo
pero en conversación constante
con el ayer.

Uno va aprendiendo a obedecer señales
a imitar gustos locales
a camuflar entre los transeúntes
a reinventar los sueños
para que encajen en el panorama actual.

Uno mira en el espejo
y ya no reconoce.

# THE NEWCOMER

One arrives with new eyes
to baptize each space
with accents that for others
are difficult to pronounce
and colors
that do not fit
the established aesthetics.

One walks through the days
like an explorer in new territory
without letting panic show
without letting fear come out
without camouflage
first just turning around the block
overwhelmed by smells and noises
with anguish under one's arm
without showing one's teeth
without clinging to any promise
without speaking the language
without speaking to oneself
but in constant conversation
with yesterday.

One learns to obey signals
to imitate local tastes
to camouflage among the crowd
to reinvent dreams
so they fit into the current panorama.

One looks in the mirror
and no longer recognizes.

# LA MURALLA

Al principio
el sueño es claro
como una visión divina
radiante bajo el sol
jornada tras jornada.

Llegas a casa y la visión sigue ahí
le pone mayonesa al pan
un jamón y algo de queso
se sirve Coca Cola
y cenan los dos, humildemente, pero cenan
ven televisión entrepiernados
saben para donde van
tu sueño y tú, flecha certera.

Despiertas y el sueño es lógico
casi puedes tocarlo
su cerca blanca
su jardín de rosas
en la ducha / en el bus
en el trayecto, todo obvio
pero a veces se pone más nublado
el sol se va alejando
los cayos en las manos
la nostalgia en las costillas
el azadón golpeando en superficie estéril.

No alcanzas a ver que es una muralla
la que va brotando de la superficie
se interpone entre tú y tu sueño
ya no tan tuyo
no haces más ahora que azar entre las sombras
jornada tras jornada
hurgando / excavando / negociando con la idea de pertenencia
seguro de encontrarlo
el sueño no está enterrado aquí
el sueño está siempre al otro lado.

# THE WALL

At the beginning
the dream is clear
like a divine vision
radiant under the sun
day after day.

You get home, and the vision is still there
puts mayo on the bread
ham and some cheese
pours itself a Coke
and together you eat dinner, humbly, but you eat dinner
you watch TV with legs intertwined
you know where you're going
your dream and you, accurate arrow.

You wake up, and the dream makes sense
you can almost touch it
its white picket fence
its rose garden
in the shower / in the bus
on the ride, all is clear
but sometimes it gets cloudy
the sun begins to recede
calluses on the hands
nostalgia within the ribs
the axe tapping against sterile surface.

You can't see that it is a wall
sprouting from the surface
what stands
between you and that dream no longer yours
you do nothing now but burrow in the shadows
day after day
urging / digging / wrestling / negotiating with the idea of belonging
sure to find it
the dream is not buried here
the dream is always on the other side.

# EL PRÉSTAMO

Sobre el valle encontramos
un árbol frondoso cuyas ramas
se doblaban de promesas frescas
como invitándonos a beber de ellas
la virtud ofreciéndose a las bocas
las manos extendiéndose a aceptarlas
firmar aquí, firmar allá, firmar en todas partes
la florida invitación ya en la garganta
la serpiente observando entre los tallos
la deuda creciendo en la corteza
la deuda enterrándose en la fundación
conflictos de interés
la serpiente alrededor del cuello
el sueño agonizando en su lengua.

# THE LOAN

Above the valley we find
a lush tree whose branches
bend with fresh promises
as if inviting us to drink from them
virtue offering itself to our mouths
hands reaching out to accept them
sign here, sign there, sign everywhere
the florid invitation already in the throat
the serpent watching among the stalks
debt growing in the bark
debt burying itself in the foundation
conflicts of interest
the snake around the neck
the dream
agonizing on its tongue.

# EL INVENTARIO

Estas manos que no saben de cultivos
que no han arrancado raíz ni hoja fresca
(mas tampoco son hermanas del hierro)
estos pies que sangran si transitan la amargura
de una estrellada ausencia coral fémina
(mas tampoco saben transitar la piedra)
estos pechos, tan infantiles, tan huecos
esta boca que maldice arrepentida
el milagro destructor de su especie
este asfixiante y cínico tambor
ventana
montaña
agujero negro
entrañas humedecidas
hambrientas
eco
la neblina de mis pasos
el temblor de mis ojos
las manchas de lienzo en mis poros
cada vena
cada rastro
cada imagen
todo me lleva a ti
en ti naufraga.

# THE INVENTORY

These hands that know nothing of crops
that have plucked neither root nor fresh leaf
(but aren't siblings of iron)
these feet that bleed if they walk through the bitterness
of a starry female coral absence
(but don't know how to walk on stone either)
these breasts, so infantile, so hollow
this mouth that curses with repentance
the destructive miracle of its species
this asphyxiating and cynical drum
window
mountain
black hole
moistened entrails
hungering
echo
the mist of my footsteps
the trembling of my eyes
the canvas stains in my pores
every vein
every trace
every image
everything leads to you
in you it is shipwrecked.

# EL PARAÍSO

Un paraíso a medias
las fotos de postal, pero destiñéndose
el costo del boleto selectivo según el sujeto
pero todos al fin babeantes por entrar
por ser parte del circo
el éxtasis, el sueño, el futuro en 3D.

Nos lo vendieron y dijimos
*thank you very much, which is my seat number*
comiendo panfletos que hablaban de un *melting pot*
donde todos tendríamos lugar
donde todos tendríamos valor
sopa, sexo, casa, esquina tibia para pasar los días
y no huesos rotos y huecos en las venas
y no deudas federales como sogas
y no memorias fracturadas por el intento fallido
luces rojas y azules persiguiendo
cualquier movimiento repentino
cualquier rasgo precolombino
cualquier puño en alto
o un cerebro incapaz
de ser apaciguado.

Cuando llegamos
la maquinaria del paraíso
ya estaba enferma
yacía contaminada de canibalismo político
sufría convulsiones cuando hablaba de igualdad
babeaba reclamando carne y sudor
pan, lealtad, catatonia
la soledad como sacrificio
lo que no sabíamos
es que éramos nosotros
el plato en el menú
para su hambre insaciable.

# PARADISE

A half-hearted paradise
the postcard photos, but fading
the cost of the ticket depending on the individual
but all drooling to get in
to be part of the circus
the ecstasy, the dream, the future in 3D.

They sold it to us, and we said
*thank you very much, which is my seat number*
eating pamphlets that talked about a *melting pot*
where we would all have a place
where we would all have value
soup, sex, home, warm corner to spend our days
and not broken bones and holes in the veins
and not federal debts like nooses
and not fractured memories of every failed attempt
red and blue lights chasing
any sudden movement
any pre-Columbian trait
any raised fist
or brain incapable
of being appeased.

When we arrived
the machinery of paradise
was already sick
it lay contaminated by political cannibalism
it suffered convulsions when it spoke of equality
it drooled claiming flesh and sweat
bread, loyalty, catatonia
loneliness as sacrifice
what we did not know
was that the day's dish on the menu
for its insatiable hunger
was us.

# EL SORTEO NOCTURNO

Bajo los andamios elevados del tren 7
los jornaleros pacientes enfrentan la incertidumbre
en busca de sustento.

Más abajo, en la misma acera
un grupo de trabajadoras sexuales comparte un cigarro
y espanta el frío con sus historias.

Pasa el tren, lleno de obreros cansados
mujeres con niños dormidos en sus brazos
secretarias, profesores, vendedores de cebollas.

Nadie ve a la Muerte sentada en el tejado
vestida de paloma
esperando su turno.

Frente al aviso publicitario de la marca del año
pasa tu reflejo, tu cara de espanto
el sueño entre los párpados, rumbo al trabajo.

El borracho, la loca, el junkie, el ladrón
de parada en parada emprendiendo sus rutas
poniéndose en manos del azar.

La ciudad que no duerme se abre como una flor
antes de que salga el sol
y nuestros corazones se esparcen como semillas.

Son tantas las historias
el desafío diario
la apuesta a la vida.

# NOCTURNAL SWEEPSTAKES

Beneath the elevated scaffolding of the 7 train
patient laborers face uncertainty in search of sustenance.

Beyond them, on the same sidewalk,
a group of sex workers share a cigarette
and chase away the cold with their stories.

The train passes, full of tired workers,
women with sleeping children in their arms,
secretaries, teachers, onion vendors.

No one sees Death sitting on that roof
dressed as a pigeon
waiting for her turn.

In front of the advertisement for the brand of the year
passes your reflection, sleep between your eyelids,
your frightened face, on the way to the job.

The drunkard, the madwoman, the junkie, the thief
from stop to stop embarking on their routes,
putting themselves in the hands of chance.

The city that doesn't sleep opens like a flower
before the sun rises,
and our hearts spread like its seeds.

There are so many stories here.
The daily challenge.
The bet on life.

## LA LUNA

*Market crash, car crash . . .*
*heart attack, nuclear attack*
*(save yourself).*

Amor mío,
estamos en tiempos de recesión.
Llega la hora de guardar a la luna bajo el brazo
frágil diente de ajo
no hay sea que alguien la desgaste en
desespero
cuando empiece el frío.
Tú y yo,
ya no estamos.

Bombillos amarillentos nos parpadean en las costillas.
Vamos de dos en dos
hasta el fondo del abismo.
Amor mío,
me he quedado sin excusas.
Yo ya no creo en dios.
Lo preocupante es que el diablo
tampoco cree en mí.

# THE MOON

*Market crash, car crash . . .*
*heart attack, nuclear attack*
*(save yourself).*

My love,
we are in times of recession.
It's time to keep the moon under your arm
fragile clove of garlic
lest someone wear it out in despair
when the winter starts.
You and I,
we are no more.

Yellowish lightbulbs flicker within our ribs.
We go in pairs
to the bottom of the abyss.

My love,
I've run out of excuses.
I no longer believe in god.
The worrying thing is that the devil
has lost their faith in me.

# EL PANORAMA

De blanco y negro
el panorama nacional
pobreza negra / cuchara negra / sumisión negra
victima negra
protesta negra
rabia negra
plegaria negra
blanca riqueza / blanca vergüenza / blanca culpa
blanca colonización
blanca burla
blanca versión de la vida
memoria blanca
blanca paloma
blanca bandera
blanca invasión
negro titular
negro antecedente
negro abismo
negro pronóstico
negro sueño hirviendo entre las venas
arrepentimiento blanco
juez blanco
carcelero blanco
interés blanco
ojo en el blanco
prestigio blanco
sistema blanco
panorama negro
negro sueño se cansa de la historia
negro sueño trepa por entre los párpados
rompe sus cadenas y escapa territorio blanco
sin despertarnos entra y le enciende fuego a la hacienda
nos libera a todos / huye y se vuelve leyenda
*el futuro es negro*, grita.

# THE OUTLOOK

Black and white
the national outlook
black poverty / black spoon / black submission
black victim
black protest
black rage
black prayer
white wealth / white shame / white guilt
white colonialism
white mockery
white version of life
white memory
white dove
white flag
white invasion
black headline
black antecedent
black abyss
black prognosis
black dream boiling in the veins
white regret
white judge
white jailer
white interest
eye on the target
white prestige
white system
black outlook
black dream tires of history
black dream climbs between the eyelids
breaks its chains and escapes white territory
without waking us it enters and sets fire to the estate
setting us all free
it flees and becomes a legend
*the future is black!* it screams.

# El Árbol

## The Tree

# EL ÁRBOL

Hay muchos tipos de árboles
el drago
el sauce llorón
el árbol de cacao
de fuertes raíces y gruesas ramas
el arce de azúcar
el eucalipto.

Todos de diferentes especies que crecen robustos
para competir por la luz del sol.

El roble blanco
el abedul plateado
el árbol del cielo.

Algunos mueren de viejos
por deforestación
o arrancados por un huracán
las infestaciones y las enfermedades varían
de un lugar a otro.

Nuestro árbol genealógico
ha dejado de crecer
nadie lo riega
nadie visita
ya no da frutos
nadie pregunta por qué
pero todos sabemos.

# THE TREE

There are many types of trees
the dragon tree
the weeping willow
the cocoa tree
with strong roots and thick branches
the sugar maple
the eucalyptus.

All different species that grow robustly
to compete for sunlight.

The white oak
the silver birch
the tree of heaven.

Some die of old age
or deforestation
or uprooted by a hurricane.
Infestations and diseases vary
from place to place.

Our family tree
has stopped growing.
No one waters it
no one visits it
it no longer bears fruit
no one asks why
but we all know.

# EL AGUA

En el principio reinaba el caos
y no había nada más que oscuridad
pero luego de la gran explosión
el universo se enfrió y fueron formándose las galaxias
todo fue separándose según su temperatura
estableciendo una velocidad, un ritmo propio
y de una costilla de la nébula solar
la tierra y tres atmósferas
permitiendo al transformarse, que el planeta se enfriara
que hubiera oxígeno y brotaran océanos.

Cuando hace más de 200,000 años
los *Homo sapiens* empezaron a habitar la tierra
fueron creando rituales en honor al agua
entendiéndola como la respiración del planeta
sus ritmos y sus temperamentos como señales sagradas
y luego comunidades indígenas fueron estableciendo sus beneficios
de tal forma que toda civilización siempre estuviese ubicada
al lado o en cuerpos de agua.

Hace un poco más de 10,000 años
la vida agraria completó el proceso de desarrollo
y nunca más tuvimos que pasar el día persiguiendo la caza
porque las semillas y el agua fueron el don de vida.

Luego llegaron Nestlé® y otras compañías a privatizar el agua
no escucharon cuando la gente protestó diciendo
que uno de los mayores impactos del cambio climático
es ejercer presión sobre el ciclo del agua
agua que siempre ha sido un derecho humano
derecho de todas las especies del planeta
derecho del planeta mismo.
Agua que siempre fue libre
agua que siempre fue esencia
agua que siempre fue origen
ahora fluye sólo a través de tuberías privadas y botellas
hacia un árido fin de la historia.

# WATER

In the beginning there was chaos
nothing but darkness
but after the great explosion
the universe cooled down and the galaxies were formed
everything began to separate according to its temperature
establishing a speed, a rhythm of its own
and from a rib of the solar nebula, the Earth
and three atmospheres, which allowed it to cool down as it transformed
to have oxygen
to sprout oceans.

When more than 200,000 years ago
*Homo sapiens* began to inhabit the Earth
they created rituals in honor of water
understanding it as the breathing of the planet
its many rhythms and temperaments as sacred signs
and then indigenous communities established its properties
so that every village was always located next to or on bodies of water.

A little more than 10,000 years ago
agrarian life completed the process of development
and we never again had to spend the day chasing after game
because seeds and water were the gift of life.

Then along came Nestlé® and other companies to monopolize the water.
They didn't listen when people protested, saying
that one of the biggest impacts of climate change
is to put pressure on the water cycle . . .
that water has always been a human right
the right of all species on the planet
the right of the planet itself.
Water that has always been free
water that has always been essence
water that has always been origin
now flows only through private pipes and bottles
toward an arid end of the story.

## LA LLUVIA

Cuando llueve
a Nueva York se le olvida
que es ciudad
sueña que es selva tropical
humedal de fruta y música
de fieras que brincan entre los puentes
se sumergen en los bares
se destellan en los charcos
y luego esperan
en los campanarios
a que pase el vendaval.

La lluvia cae
sobre el cráneo de todos
con igual caridad
nos hace en un lapso de realismo
sujetos de algo más que carne y hueso
somos hijos del agua
de la añoranza
de la incertidumbre.

Cuando llueve
me gusta cerrar los ojos
y escuchar los sonidos de las gotas
narrándome la silueta de las superficies
que forman esta gran ciudad
es tan fácil sentirse minúsculos
volverse invisibles
hasta que llegan los dedos de la lluvia
te tocan el sombrero y dicen
*¡Ah! ¡Aquí estás!*

# THE RAIN

When it rains
New York forgets
that it is a city
it dreams it is a tropical jungle
wetland of fruit and music
of wild beasts that jump between the bridges
dive in the bars
flash in the puddles
and then wait
on the bell towers
for the gale to pass.

The rain falls
on everyone's skull
with equal charity
in a lapse from realism
makes us subjects of something more than flesh and blood
we are children of water
of longing
of uncertainty.

When it rains
I like to close my eyes
and listen to the sounds of the drops
narrating to me the silhouette of the surfaces
that make up this great city
it's so easy to feel insignificant
to become invisible
until the fingers of the rain come
touch your hat and say:
*Ah, there you are!*

# LOS CONSTRUCTORES

He visto a los constructores llegar de madrugada
dicen saber lo que hacen, sus planos, sus instrumentos
arquitectos de ignorancia
martillando sin reparo en las paredes
renovando sin música y sin rima
la estructura del castillo de mi alma.

Cada ayer es un ladrillo anaranjado
los separan de dos en dos para crear murallas
dicen que darán más espacio a la cocina
un techo sin goteras
los miro, me resigno
dicen recoger y reciclar los escombros del pasado
renovar cada minuto contaminado
en los lugares en los que los pies tropiezan hacer nuevas escaleras
poner caminos de piedra
ahora llegan firmemente a edificar
un gigante de hierro que va más allá del cielo.

¿Pero cómo les digo a los constructores
que no quiero cemento gris
aferrándome a la tierra?
¿que ya hay girasoles en mi huerta?
¿que mi estufa de leña basta
para hacer café durante la tormenta?
me resguarda del frío en el invierno
me gusta la lluvia que se filtra
con su olor a tierra fresca por mi pecho.

Explíquenles que aún no quiero tocar el firmamento
no tumben la cuna que arrulló mi infancia
el prado que en mis pies descalzos
me recuerda que el amor ha vuelto.
Esta última tarde plácida se desborda
por entre los sombreros de los constructores
ellos no saben que mi casa me habla
cuando me defrauda el mundo . . .
y ahora, ¿dónde me escondo del futuro que congela?

# THE BUILDERS

I've seen the builders arrive in the early hours of the morning
claiming to know what they are doing, their plans, their instruments
architects of ignorance
hammering carelessly on the walls
renewing without music and without rhyme
the structure of the castle of my soul.

Each yesterday is an orange brick
they separate them two by two to create walls
they say they will give more space to the kitchen
a roof without leaks
I look at them, I resign myself
they say they will collect and recycle the debris of the past
renew every polluted minute
in the places where feet stumble make new stairs
lay stone paths
now firmly they arrive to build
an iron giant that goes beyond the sky.

But how do I tell the builders
I don't want gray cement
attaching me to the ground?
That there are already sunflowers in my garden?
That my woodstove is enough
to make coffee during the storm?
it shelters me from the cold in winter
I like the rain that seeps
with its fresh, earthy smell through my chest.

Explain to them that I still don't want to touch the atmosphere
don't knock down the cradle that lulled my infancy
the meadow that under my bare feet
reminds me that love has returned.
This last placid afternoon is overflowing
through the builders' hats
they don't know that my house speaks to me when the world lets me down . . .
and now, where do I hide from the paralyzing future?

# LA HERENCIA

Entraste a la cocina y encontraste a mamá llorando
lloraba mientras picaba cebolla
lloraba mientras lavaba los platos
lloraba mientras regaba el jardín
y las rosas lloraban con ella.
Lloraba caminando a tu lado con sus gafas oscuras
cuando te dejaba en la escuela
y al regresar
tendida en el sillón
sin bañarse
con los ojos hinchados de llorar
te mostraba los mapas
que habían hecho sus lágrimas.

Te hablaba del futuro entre sollozos
casi se ahogaba entre promesa y promesa
enviaba lágrimas de larga distancia
por correo
a la hora de la cena servía platos de sal
y mientras dormía
sus sollozos tomaban la forma
de arañas que tejían tristezas
por toda la casa.

Hoy te sientas sin ella
y lloras
con heredada facilidad
pero a ti tampoco te preguntan por qué.

# THE INHERITANCE

You walked into the kitchen and found mom crying
she was crying while chopping onions
cried as she washed the dishes
cried as she watered the garden
and the roses cried with her.
She cried walking beside you with her dark glasses on
when she dropped you off at school
and when you came back
while lying on the couch,
without having bathed,
her eyes swollen from crying,
she tenderly showed you the maps
her tears had made.

She would talk to you about the future between sobs
almost drowned between promise and promise
she would send long distance tears by mail
at dinner time she would serve plates of salt
and while she slept
her sobs took the form
of spiders weaving sadness
all over the house.

Today you sit without her
and you cry
with inherited ease
but no one asks you why either.

# EL PÁJARO

Mi jaula se ha prolongado
hasta dentro de unos años
oro de libertad temporal
posibilidad de un día unirme
a viejos pájaros sin alas
que ahora deambulan alrededor de migajas de otros tiempos.

Me pongo de pie y agito mi colorido plumaje.
Empiezo a imitar sus canciones.
Me quedo en el gallinero.
No conozco otro cielo.

# THE BIRD

My cage has been extended
until a few years from now
gold of temporary freedom
the possibility of one day joining
old wingless birds
who now roam around crumbs from other times.

I stand up and shake my colorful plumage.
I begin to imitate their songs.
I stay in the coop.
I know no other sky.

# LA CORONA

Llegaste a esta vida con guirnalda
de conformidad y silencio
en nombre del honor y la familia
en caso de géneros opuestos
cuando se aspira a un salario más alto
en respuesta a los comentarios
en lugar del deseo
a cambio de culpabilidad
a causa de la complejidad
por la paz en el matrimonio
en lugar de un sueño
como medio de opresión
como forma de pacificación
un mecanismo de defensa
una idea interiorizada
un lenguaje de propiedad
debido a las normas sociales
para atender egos frágiles
para aplacar el malestar
para homogenizar
adormecer el espíritu
callar la opinión propia
disminuirse
hasta volverse invisibles
como en las películas.

# THE CROWN

You came to this life with wreaths
of conformity and silence
in the name of honor and family
in case of opposing genders
when aspiring to a higher salary
in response to commentary
in lieu of desire
in exchange of guilt
because of complexity
for peace in the marriage
instead of a dream
as a means of oppression
as a form of pacification
a defense mechanism
an internalized idea
a language of ownership
due to social norms
to cater to fragile egos
to appease discomfort
to homogenize
to numb the spirit
to silence one's opinion
to diminish
to become invisible
like in the movies.

## LA INCONGRUENCIA

Cuando los primeros rayos del sol
aparecían en el horizonte
ya había aprendido que no era sólo yo
quien había llegado de otro lugar.

Que hubo una era de embarcaciones
donde prisioneros y soñadores y creyentes fugitivos
compartían el pan con los nativos de la región
por lo tanto, los homenajes al pavo de esta y todas las invasiones posteriores
que es probablemente la razón
por la cual el Día de Acción de Gracias
es la fecha oficial para resaltar
las dinámicas familiares venenosas e intrusivas.

Sabía de tiendas de licores y carreteras,
de impuestos, campos de flores, orgasmos y programas policiales,
de deberes de jurado y Macy's y el sabor del *mac and cheese*
y finalmente había madurado hasta el punto de que mi acento se consideraba sexy
no me importaba que me llamaran exótica por el color de mi piel
tenía mi propia licencia de conducir, mi propia ansiedad,
mi prescripción de antidepresivos, mi propia aversión a la autoridad,
mi romance veraniego, mi propia canción favorita en la radio.

Me había enterado del Agente Naranja
y la participación del país en el eterno conflicto
que ha asolado el hogar que me vi obligada a abandonar.

Me enteré de las bases militares y de Vieques.
Encontré un amante que importó TEPT
de Afganistán e Irak, Yemen, Pakistán, Siria,
acaricié sus gritos de desesperación hasta que se durmió
y le dibujé un fantasma con el que podía hablar abiertamente.

Sabía de la guerra contra las drogas
y la guerra contra el terrorismo
y la guerra contra la navidad
y la guerra contra la libertad
más que de las guerras reales en las que estamos involucrados.

Aprendí de la intervención
la misma intromisión que llenó de armas las manos de mis vecinos
su licencia de portar orgullo superficial y falsa sensación de seguridad
como si siempre estuvieran en territorio enemigo
niños con armas de juguete que miran la violencia en la televisión
rabia y paranoias amamantadas
se ve tan bien que te dan ganas de contagiarte, mira
rifles automáticos, 2 por el precio de 1
encajar, proteger, servir, ser parte de.

Me enteré de los OGM
el alto precio de los alimentos ecológicos
la idea de la resistencia
el precio de la educación
el precio de la casa y la familia
de los cupones de alimentos y de saltar el torniquete.

Adopté el desprecio hacia Rusia y China
juré por la bandera que no era comunista
sin tener idea de por qué o qué significaba eso
juré lealtad más veces de las necesarias
a un país y a un dios
del que no tenía ninguna certeza.

Para cuando salió el sol
las torres gemelas habían caído
y sus cenizas habían llenado nuestros pulmones.
Siempre recordaré esos días como cuando me sentí más americana que nunca
viendo a todo el mundo cruzar el puente para ayudar a desenterrar los cuerpos.

Crecí con un sentimiento de culpa por no haber podido servir a mi país
más que unos cuantos poemas humeantes
y construí un falso orgullo nacionalista
que me llevó a comer masa de panqueques una semana entera
antes de ser vista recibiendo cupones de comida durante la universidad
la casa ya había sido embargada
la familia rota por las costuras.

Ya había visto a jóvenes adinerados patear a los indigentes en sus camas de cartón
hasta dejarlos inconscientes
y mujeres con sobredosis en el metro

sin que nadie se detuviera para ayudarles a cerrar los ojos por última vez
vi a niños negros y trigueños levantar los brazos y gritar, *no disparen*
y a la policía gritar, *entonces no se resistan*
como si fueran algo irresistible
y lloré porque entendí
que estos son sólo los primeros síntomas de una enfermedad
que no se puede curar con discursos políticos.

Para cuando el sol colgaba alto sobre nuestras cabezas
y la verdad no tenía dónde esconderse
las calles se preparaban para un desfile militar
y los aviones volaban en el cielo
como la primera vez que aterrizamos aquí
esperanzados del país tan pacífico
al que por fin podríamos llamar hogar.

# THE INCONGRUENCE

When the first rays of the sun
appeared on the horizon
I had already learned that it was not only me
who had come from elsewhere.

That there was an age of ships
where prisoners and dreamers and fugitive believers
shared their bread with the natives of the region
hence the turkey tributes of this and all the subsequent invasions
which is probably the reason
why Thanksgiving Day
is the official date to highlight the poisonous and intrusive family dynamics.

I knew of liquor stores and highways,
of taxes, flower fields, orgasms, and police shows,
of jury duty, and Macy's, and the taste of mac and cheese
and I had finally matured to the point where my accent was considered *sexy*
I didn't mind being called exotic because of the color of my skin
I had my own driver's license, my own anxiety,
my own antidepressant prescription, my own aversion to authority,
my own summer crush, my own favorite song on the radio.

I had learned about Agent Orange
and the country's involvement in the eternal conflict
that has ravaged the home I was forced to leave.

I learned about the military bases and Vieques
I found a lover who imported PTSD
from Afghanistan and Iraq, Yemen, Pakistan, Syria
I caressed his cries of despair until he fell asleep
and drew him a ghost he could talk to openly.

I knew about the war on drugs
and the war on terrorism
and the war on xmas
and the war on freedom
more than the real wars we are involved in.

I learned of the meddling
the same intrusion that filled the hands of my neighbors with weapons
their license to carry superficial pride and false sense of security
as if they were always in enemy territory
children with toy guns watching violence on television
breastfed rage and paranoia
it looks so good it makes you want to catch it
look:
self-loading rifles, 2 for the price of 1
fit in, protect, serve, be part of.

I learned about GMOs
the high price of organic food
the idea of resistance
the price of education
the price of home and family
food stamps and jumping the turnstile.

I adopted contempt for Russia and China
I swore to the flag that I was not a communist
with no idea why or what that meant
I swore allegiance more times than necessary
to a country and a god
of which I had no certainty.

By the time the sun rose
the twin towers had fallen
and their ashes had filled our lungs
I will always remember those days as the time when I felt most American
watching everyone cross the bridge to help dig up the bodies.

I grew up with a sense of guilt for not having been able to serve my country
more than a few steamy poems
and I built up a false nationalistic pride
which led me to eat pancake batter for an entire week rather than be seen
receiving food stamps during college.
The house had already been foreclosed
the family torn apart at the seams.

I had already seen wealthy young men
kicking homeless people in cardboard beds unconscious

I had seen overdosed women on the subway
with no one stopping to help them close their eyes one last time
I saw black and brown children raise their arms and shout, *don't shoot*
and the police shout back, *then don't resist*
as if the temptation was irresistible.
I wept because I understood
that these are only the first symptoms of a disease
that cannot be cured with political speeches.

By the time the sun hung high over our heads
and the truth had nowhere to hide
the streets were being prepared for a military parade
and planes were flying in the sky
like that first time we landed here
so hopeful for the peaceful country
we could finally call home.

# LA CALAVERA

Soy la mentira que te vigila desde el espejo
haciendo que alucines coronas de flores
incontenible / incómoda / insistente
indetenible / adictiva enfermedad
un sistema que sabe a hierro y plomo
me propago en los cuerpos de todos
oh, el sabor del poder en mi lengua
me gusta lamer la herida y salir en busca
de seguidores.

Soy tu hermana, tu hermano, tu madre
tu padre trastornado
tu hijo
que crece en callejones oscuros
tu amor perdido
con agujeros en las venas
tu vecino / tu médica / tu abogado
tu sacerdote / tu víctima / tu fantasía
tu ídolo
tu momento sagrado
tu identidad secreta
tu juramento a la bandera
tu ingenuidad
tu pérdida de tiempo
tus intestinos
soy tu único pensamiento aniquilador
observándote mientras dejas de creer
dejas de luchar contra el impulso
y das el paso final
hacia las sombras.

# THE CALAVERA

I am the lie that watches you from the mirror
making you hallucinate wreaths of flowers
unstoppable / uncomfortable / insistent
irrepressible / addictive disease
a system that tastes of iron and lead
I spread through everyone's bodies
oh, the taste of power on my tongue
I like to lick the wound and go in search of followers.

I am your sister, your brother, your mother
your deranged father
your child
growing up in dark alleys
your lost love
with holes in their veins
your neighbor / your doctor / your lawyer
your priest / your victim / your fantasy
your idol
your sacred moment
your secret identity
your pledge of allegiance
your naivety
your waste of time
your intestines
I am the annihilating thought
watching you while you stop believing
stop fighting the impulse
and take the final step
into the shadows.

# EL CORRESPONSAL DE GUERRA

Heródoto, hijo de la esfinge
se puso las sandalias y se fue de Anatolia
como parte de una expedición hacia el imperio persa.
Aprendió a hablar del apoyo militar de Atenas y Eretria
a describir el historial geográfico de cada territorio
a decorar las noticias para hacerlas lucir más heroicas
a hablar de la guerra como un *performance art*
y con sus palabras
inmortalizar los eventos del egoísmo humano
o para siempre borrarlos de la memoria.

Con ojos de halcón o pescado
se hizo a la mar en un pequeño barco
para observar una batalla naval entre holandeses e ingleses
haciendo dibujos que capturaban el alma de los soldados caídos en combate
luego persiguiendo a Napoleón entre España y Alemania
con los dedos manchados de tinta
y las tripas tiznadas de muerte.

Casi pierde su máquina de escribir
en un ataque sorpresa en la guerra de Vietnam
y los dedos en el Golfo
el corazón se quedó sordo entre la primera y segunda guerras mundiales
y el alcohol se volvió método de automedicación para callar los gritos;
el enfoque en tanta atrocidad y los horrores diarios
dejaron de parecerle un arte después de Afganistán e Irak.
Heródoto por fin se quedó sin palabras
cuando al regresar se dio cuenta que su pueblo
había quedado sepultado bajo un misil Pershing II.

La violencia incrustada en sus huesos ya no lo deja dormir
tiene pensamientos perturbadores
no hace más que darle vueltas al asunto
en público siente que alguien lo está observando
la paranoia hace que ya ni siquiera lea las noticias
cuando su esposa por fin se queda dormida
sueña que él se queda atrás
siendo el héroe de otro cuento.

# THE WAR CORRESPONDENT

Herodotus, son of the sphinx
put on his sandals and left Anatolia as part of an expedition
to the Persian empire.
He learned to talk about the military support of Athens and Eretria
to describe the geographical history of each territory
to decorate the news to make it look more heroic
to speak of war as a *performance art*
and with his words
immortalize the events of human selfishness
or forever erase them from memory.

With the eyes of a hawk or a fish
he went to sea in a small boat
to observe a naval battle between the Dutch and the English
making drawings that captured the souls of the soldiers fallen in battle
then chasing Napoleon between Spain and Germany
with ink-stained fingers
and guts smeared with death.

He almost lost his typewriter
in a surprise attack in the Vietnam War
and his fingers in the Gulf
his heart went deaf between the first and second world wars
and alcohol became a method of self-medication to silence the screams;
the focus on so many atrocities and the daily horrors
ceased to seem like an art to him after Afghanistan and Iraq.
Herodotus was finally speechless
when he returned to find that his village
had been buried under a Pershing II missile.

The violence embedded in his bones no longer lets him sleep
he has disturbing thoughts
keeps turning the subject over and over
in public he feels that someone is watching him
paranoia makes him not even read the news anymore
when his wife finally falls asleep
she dreams that he is left behind
being the hero of another story.

# LA ESCALERA

Sobre caballo blanco
galopas en busca de un delirio nuevo
tras un bosque de árboles delgados de flores rosadas y púrpura.
Nubes doradas que parecen esfinges se amontonan a tu paso
pero tú les das la espalda, vas en busca del gran desierto
con las riendas apretadas a tus dedos
el arma ceñida a la cadera
el sombrero protegiéndote del sol
nada te perturba, nada te detiene
las calaveras de animales que encuentras a tu paso
son parte natural del paisaje
te recuerdan que la vida es así, repentina,
realismo mágico,
sed y contraste.

En la siguiente escena
ya te vas cansando.
Quieres encontrar un lugar menos árido para pasar la noche
la angustia de los predadores
se vuelve amenaza.

Quieres llamar mi nombre, pero no recuerdas.
No despiertas. No te mueves. No respiras.
Ya no.
No hay forma de que escuches.
No hay cómo convencerte que regreses.
Imposible recordarte que es espejismo
ese paraíso occidental
que inventaste basándote en tus películas favoritas.
Has estado trepando escaleras durante horas
clavando oasis en tus venas
para alejarte de la furia
para no pensar, no sentir, no ser parte de esto
mira qué real es tu sueño ahora
mira, ya no hay más que este páramo
tu caballo bebiendo agua junto al abismo
el sol desapareciendo
en el horizonte.

# THE LADDER

On a white horse you gallop
in search of a new delirium
after a forest of slender trees of pink and purple flowers.
Golden clouds that look like sphinxes pile up in your wake
but you turn your back on them, you are in search of the great desert
with the reins tightened to your fingers
your weapon tight to your hip
your hat protecting you from the sun
nothing disturbs you; nothing stops you
the skulls of animals that you find in your path
a natural part of the landscape
reminders that life is like that, sudden,
magical realism,
thirst and contrast.

In the next scene
you are getting weary
and want to find a less arid place to spend the night.
The anguish of predators
becomes a threat.

You want to call my name out, but you don't remember.
You don't wake up. You don't move. You don't breathe.
Not anymore.
There's no way for you to listen.
There is no way to convince you to return.
Impossible to remind you
that the western paradise you invented based on your favorite movies
is a mirage.
You've been climbing the ladder for hours
sticking oases in your veins
to get away from the rage
to not think, to not feel, to not be a part of it.
Look how real your dream is now
see, there's nothing but this wasteland
your horse drinking water by the abyss
the sun disappearing
on the horizon.

La Mosca

The Fly

# LA MOSCA

Todo lo vio
con todos sus ojos fijos
en la carne del problema
y las alas quietas
para no interrumpir el asunto.

Esperó a que se fueran los asaltantes
y contó hasta diez antes de aproximarse
dando vueltas para confundir al enemigo
bebió sólo de la médula ósea
para no dejar ninguna evidencia
y luego, por supuesto, llamó a la policía
como todo buen ciudadano.

A la mosca
le asignaron una nueva identidad
a cambio de testificar ante la corte.

# THE FLY

It saw everything
with all its eyes fixed
on the flesh of the problem
and wings still
so as not to interrupt the affair.

It waited for the assailants to leave
and counted to ten before approaching
circling around to confuse the enemy
it drank only from the bone marrow
so as not to leave any evidence
and then, of course, called the police
like any good citizen would.

The fly
was assigned a new identity
in exchange for testifying in court.

# LA FAMILIA

No es que las hayamos olvidado
pero las fotos de la familia simplemente no cabían en el equipaje
así que no teníamos ninguna cuando llegamos
y con el paso del tiempo nos olvidamos de tomar nuevas.
Truco retorcido de un árbol enfermo, no queríamos recordatorios.
Como cosmonautas después de una explosión
cada uno de nosotros aterrizó en un planeta distinto
y nunca más nos comunicamos con la estación de origen
porque no había nada que informar.

Había una aflicción en nuestro interior
que nadie se atrevía a hurgar con una rama
ni a mencionar
desde la cercanía
hasta que la distancia se hizo tan grande
que no hubo vacaciones ni llamadas telefónicas
que pudieran proporcionar una imagen mental
de una razón para volver.

Te juro que hay pruebas de mi existencia en alguna parte
un núcleo
un recuerdo en blanco y negro del origen
pero algunas cosas es mejor dejarlas en el olvido.

# THE FAMILY

It's not that we forgot them
but the family photos just didn't fit in the luggage
so we didn't have any when we arrived
and as time went by, we forgot to take new ones.
Twisted trick of a sick tree, we didn't want reminders.
Like cosmonauts after an explosion
each one of us landed on a different planet
and we never again communicated with the home station
because there was nothing to report.

There was an affliction inside us
that no one dared to poke with a stick
or talk about from safe distance
until the gap became so great
that there were no holidays nor phone calls
that could provide a clear mental image
of a reason to return.

I swear to you there is evidence of my existence somewhere
a kernel
a black and white memory of origin
but some things are better left forgotten.

# LA NACIÓN

Cuando los veteranos regresan
con visiones de guerra bajo la piel
los políticos estrechan sus manos
y les dan las gracias por hacer que América esté orgullosa.

Cuando el presidente anuncia
que está construyendo un muro o reforzando la frontera
sus partidarios agitan banderas y sombreros que dicen
que está haciendo que América esté orgullosa.

Cuando estalla el escándalo
los medios de comunicación se centran en cubrir ambas versiones de la historia
porque el agresor es famoso y tiene un perfil internacional
a menudo haciendo que América esté orgullosa.

Con su pistola y la rabia en los ojos
el policía apunta a la cabeza del niño moreno, desarmado,
inflando su pecho azul decorado con un pin y una placa
para mostrar a todos los que preguntan que él es el orgullo de América.

Luego se acercan a las familias afligidas
con flores y homenajes con estrellas
dan a la calle el nombre de los que murieron
mientras defendían el orgullo de América.

Observo y tomo nota, pero dudo de dar un paso adelante.
No tengo la valentía de tales sacrificios.
¿De qué sufre la nación
que suena como si necesitara diagnóstico?

Todos estos signos de comportamiento controlador
un apego enfermizo, expectativas, obsesión.
*Munchausen by proxy*, una necesidad urgente de terapia;
¿acaso nadie le enseñó a amar a sus hijos tal y como son?

# THE MOTHERLAND

When veterans return
with visions of war under their skin
politicians shake their hands
and thank them for making America proud.

When the president announces
he is building a wall or reinforcing the border,
his supporters wave flags and hats that say
he is making America proud.

When scandal erupts
the media focuses on covering both versions of the story
because the aggressor has a high international profile
often making America proud.

Holding his gun with rage in his eyes
the policeman aims at the head of the unarmed brown child
his puffed blue chest decorated with a pin and a badge
to show all who ask that he's the emblem of America proud.

Then they approach the grieving families
with flowers and star-spangled tributes
naming the street after those who died
while defending America's pride.

I watch and take notes but feel hesitant to step forward.
I don't have the courage of such sacrifices.
What is the motherland suffering from?
It sounds like it needs a diagnosis.

All these signs of controlling behavior
unhealthy attachment, expectations, obsession.
Munchausen by proxy, an urgent need for therapy;
did no one teach you to love your children as they are?

La Mano

The Hand

# LA MANO

Hay muchas maneras de sentirse solo.
Una de ellas es extender la mano hacia el cielo
con la esperanza de obtener respuestas
y otra
meter la mano en el bolsillo
con la esperanza de milagros.
He visto a personas olvidar lo que han perdido
extender la mano
para sostener la de un fantasma
y he sentido la mano fría de un fantasma
pidiendo perdón
sobre mi propia mano amarga.
Hay cientos en la calle
que extienden sus manos al vacío
esperando limosnas
y otras
que empuñan la soledad
para nunca permitirse sentir el calor humano
por miedo a esfumarse
entre sus llamas.

# THE HAND

There are many ways of feeling alone.
One of them is to stretch out your hand to the sky
reaching for answers
and another
to put your hand in your pocket
in hope of miracles.
I have seen people forget what they have lost
stretch out their hand
to hold that of a ghost
and I have felt the icy hand of a ghost
asking for forgiveness
over my own bitter hand.
There are hundreds in the street
extending their hands to the void
waiting for charity
and others
who wield loneliness
never to allow themselves the feeling of human warmth
for fear of vanishing
in its flames.

# LOS DISTINTOS ESPANTOS

Si no entiendes amor
las lenguas con las que te acaricio
no las cortes / que no vuelven a nacer.
Vienen de un trozo de astro distinto
de la condena de los desaparecidos
cada sílaba es un pájaro migrando al sur
reposando en tu hombro
reclamando un poco de agua
no las espantes
no borres sus nidos de tu boca
que después sus hijos / no sabrán volver a ti.

Tú y yo no somos el mismo espanto
pero vamos aprendiendo a reflejarnos
no busques mi origen
no intentes traducir los dialectos
de mis habitantes
déjalos bailar en tu cuerpo toda la noche
déjalos perderse en tu furia toda la vida
déjalos tejer con su sangre
los pedazos de ti que cayeron en la guerra.
Pero por favor,
no te consideres arqueólogo
cada vez que te lleven a mi núcleo.

Y si a veces
son solo ruidos insensatos los que te llaman
solo tormentas, estornudos y naufragios
en una esquina un perro rabioso lamiéndose las patas
y el resto sólo incendios
¿qué ganas con hacerte jaula?
¿qué ganas con domesticar el grito?
¿con qué flecha intentas apagar el sol?

Si no entiendes, amor
las lenguas con las que te acaricio
de pronto ya nos vamos apagando
de pronto se cumplió la maldición de los ancestros . . .
de pronto nos llegó el fin del mundo
y ni cuenta nos dimos.

# DIFFERENT GHOSTS

If you don't understand, love
the tongues with which I caress you
do not cut them / they will not bloom again.
They come from a different piece of star
from the condemnation of the missing
each syllable is a bird migrating south
resting on your shoulder
claiming some water
do not scare them away
do not erase their nests from your mouth
for afterward their children / won't know how to return to you.

You and I are not the same ghost
but we learn to reflect one another
don't look for my origin
don't try to translate the dialects
of my people
let them dance on your body all night
let them lose themselves in your fury for a lifetime
let them weave together with their blood
the pieces of you that fell apart during the war.
But please,
don't think yourself an archaeologist
every time you are taken into my core.

And if sometimes
it's just senseless noises that call to you
just storms, sneezes, and shipwrecks
in one corner a rabid dog licking its paws
and the rest just fire
what do you gain by becoming a cage?
what do you gain by taming the scream?
with which arrow do you intend to extinguish the sun?

If you don't understand, love
the tongues with which I caress you
maybe we're fading away
maybe the curse of the ancestors was fulfilled . . .
maybe the end of the world already arrived
and we didn't even notice.

# LA MUERTE

Llegó la hora de la pandemia
y la muerte se enamoró de nosotros
ella, que siempre había tomado sólo el sacrificio necesario
esperando entre los arbustos por la causa natural
el accidente, el espanto, el vicio, la penumbra . . .
ahora salió con su máscara
a bailar entre las calles sin vergüenza
y a cada vuelta
guardarse a alguien bajo el vestido.

Las sombras
se van quedando sin cuerpos
ella y su atuendo colorido
con ganas de engullirse al mundo de una sola fiesta.

Y nosotros
escribiendo conspiraciones en Internet
nosotros inventando plegarias
nosotros encerrados observando a la muerte y a la vida pasar juntas
nosotros impotentes sin vacunas duraderas, sin culpables
nosotros los de los hospitales llenos y las bolsas negras
nosotros, con tantos sueños de casas con cercas blancas
tantas deudas sin pagar
y razones para seguir viviendo.

# DEATH

The hour of the pandemic came
and death fell in love with us
she, who had always taken only the necessary sacrifice
waiting among the bushes for the natural cause
the accident, the fright, the vice, the gloom . . .
she now comes out with her mask
to dance in the streets without shame
and at every turn
keep someone under her dress.

The shadows
are running out of bodies
she and her multicolored attire
wanting to engulf the world in a single party.

And us,
writing conspiracies on the Internet
inventing prayers
us locked up watching death and life passing together
impotent, without lasting vaccines nor culprits
we the people of full hospitals and black bags
we, with so many dreams of houses with white picket fences
so many unpaid debts
so many reasons to go on living.

**Los Cuervos**

**The Crows**

# LOS CUERVOS

El negro más oscuro
no es el del carbón
sino el de las plumas del cuervo
que pueden cambiar a negro rojo frente al sol
o negro púrpura
bajo la lluvia.

A los cuervos les encanta
hacer piruetas en el cielo
y esperar
a que la Muerte haga de las suyas.

Hoy, por ejemplo
cae el venado en el centro del patio
agoniza y piensa en su canción de cuna
antes de quedar tieso con los ojos abiertos al cielo
ofrenda lista para ser degustada
sus tripas se van abriendo como un banquete
los gusanos parecen flores
y a las flores no les importa el espantoso escenario.

Hay oficinas en altos edificios
donde los cuervos son más atrevidos
tienen nombre, apellido
Seguro Social, cuenta bancaria
y una colección de ojos de ciervo en pánico
en su gabinete.

# THE CROWS

The darkest black
is not that of coal
but of the crow's feathers
which can change to black red in the sun
or purple black
in the rain.

Crows love to pirouette in the sky
and wait
for Death to do its thing.

Today, for example
the deer falls in the center of the courtyard
it agonizes and thinks of its lullaby
before lying stiffly with eyes open to the sky
offering ready to be savored
its guts opening like a banquet
the worms look like flowers
and the flowers don't care about the dreadful scenery.

There are offices in tall buildings
where the crows are more daring
they have a name, a surname
Social Security, bank account
and a collection of panicked deer eyes
in their cabinet.

# EL TAMBOR

Yo me creía topo
paseando sumergida bajo tierra
en algún vagón del tren F
viendo las escenas de vida más atroces
de estación en estación.

Pensé que estaba endureciendo mi piel
para las cosas que importan
y que ver esto y sobrevivir aquello
me daría la experiencia necesaria
para tener tanta credibilidad en la calle como valentía
cuando llegara el momento de enfrentar la música.

Era fácil convivir entre las ratas
inventar canciones de amor en Washington Square Park
pintarme la cara y tomarme la noche
con la ingenuidad que los vampiros saben oler.

Más de una vez
uno de ellos
intentó arrancarme la vida
pensó que tenía inocencia para quitarme
pensó que era mujer de desechar después en calle vacía
creyó que algo de mí le pertenecía
pero yo grité salvajemente
y corrí despavorida
el tambor de guerra en mi pecho
latiendo y echando chispas
que después los transeúntes confundieron con estrellas.

# THE DRUM

I thought I was a mole
walking underground
in a car of the F train
watching the most gruesome scenes of life
from station to station.

I thought I was toughening my skin
for the things that matter
and that seeing this and surviving that
would give me the experience I needed
to have both street cred and courage
when the time came to face the music.

It was easy to live among the rats
make up love songs in Washington Square Park
paint my face and take in the night
with the naivety that vampires know how to smell.

More than once
one of them
tried to rip my life away
thought I had innocence to take
thought I was a woman to be discarded later in an empty alley
thought something of me belonged to them
but I screamed savagely
and ran terrified
the war drum in my chest
beating and throwing sparks
that later bystanders mistook for stars.

# LA CIUDAD

New York
hoy es una paloma
que no ha encontrado su iglesia.

Ofrezco:
el pedazo de acera que me corresponde,
el pellizco de sombrilla corporativa,
el guion
que practiqué en el tren
por si preguntaban hacia donde iba,
si no se esconde
cuando le pida que me acompañe.

Le apuesto que perdimos nuestra bolsa de valores;
se nos nota.
Los amantes, ya ni el saludo nos damos.

Marchas. Pancartas de colores:
*El fin está cerca*, dicen.

¿Para qué mentirle?
Alivio. Más tranquilos quedamos.
Tenga la bondad de construir
un campanario suficientemente grande
que somos muchos
y tenemos frío.

# THE CITY

New York
today is a pigeon
that hasn't found its church.

I'll trade you:
the piece of sidewalk I'm entitled to,
the pinch of corporate umbrella,
the script I practiced on the train
in case they asked where I was going,
if you don't hide away
when I ask you to come with me.

I bet you we lost our market value;
it is noticeable.
We lovers don't even greet each other anymore.

Marches. Colorful banners:
*The end is near!* they say.
Why lie?
Relief. We are left reassured.
Kindly build a bell tower big enough
for we are many
and it's getting chilly.

# LA ESTRELLA

Mírala.

Todo este tiempo
y no ha dejado de brillar.

Después de todo lo que ha presenciado
no le da la espalda
a nuestro camino
ni se extingue,
porque conoce otras medidas de tiempo
y mayores distancias.

Mantén tus ojos fijos en ella.

La oscuridad es el medio
para disfrutar de su resplandor.

# THE STAR

Look at her.

All this time,
and she hasn't stopped shining.

After all she's witnessed
she doesn't turn her back on our path
nor is extinguished,
for she knows other measures of time
and greater distances.

Keep your eyes fixated on her.

Darkness is the means
by which to enjoy her radiance.

# EL XÓLOTL

Anoche
soñé que habías llegado al borde de la isla.
Un perro de fuego esperaba a la orilla
para acompañarte durante el trayecto.
Sus pies invertidos señalaban la ruta
mientras te despedías de todos los habitantes del pueblo.

Cuando viniste a despedirte de mí
les ofrendé dos pedazos de pan
y colgué una piedra tallada en forma de sol en tu cuello
como talismán, por si me extrañabas.

Serví mis lágrimas en una botella
para que les cantara durante su viaje
y en un papel escribí el nombre de todos mis muertos
a quienes te pedí que abrazaras
en mi nombre.

# THE XOLOTL

Last night
I dreamt that you had reached the edge of the island.
A fire dog was waiting on the shore
to accompany you on your journey.
Its inverted feet pointed out the route
as you said goodbye to all the villagers.

When you came to say farewell to me
I offered you two pieces of bread
and around your neck I hung a stone carved in the shape of a sun
as a talisman, in case you missed me.

I poured my tears into a bottle
so they would sing to you during your journey
and on a piece of paper, wrote the names of all my dead
whom I asked you to embrace
in my name.

# LA LOTERÍA

La vida es un juego de azar
cada jugador tiene al menos una ronda en la baraja
y ningún libro de instrucciones
pero sí muchos consejos.

Algunos nacen con rachas ganadoras
y otros nacen con derrotas.

Para igualar el terreno de juego
ya sea en un castillo o en un campo de batalla
todos recibimos un corazón.

El mío ya tiene muchas astillas
pero siempre se la juega toda.

# THE LOTTERY

Life is a game of chance
each player has at least one deck
and no book of instructions
but plenty of unsolicited advice.

Some are born with winning streaks
others are born stricken.

To even out the playing ground
whether in a castle or on a battlefield
we're all given a heart.

Mine by now has many splinters
but always gambles it all.

# ABOUT THE AUTHOR

**ELIZABETH TORRES** (Madam Neverstop), born in Colombia in 1987, is a poet, multimedia artist, and literary translator. Elizabeth is the author of over twenty books of poetry in various languages and has toured more than thirty countries with her work. Elizabeth is director of the quarterly arts and culture publication *Red Door Magazine*; founder of the *Poetic Phonotheque*, an international collection of multimedia poetry; and host of the *Red Transmissions* podcast. Elizabeth resides in Copenhagen, where she is pursuing an MFA in performing arts at Den Danske Scenekunstskole.